LES
DROITS DES ARPAD

(CROUY-CHANEL DE HONGRIE)

par

ALBERT NYARY

BARON DE NYAREGYHAZA

Membre né de la Haute Chambre de Hongrie

———

TRADUIT DU HONGROIS

TURIN

Imprimerie de Compositeurs-Typographes

rue du Théâtre d'Angennes, 16.

———

Juin, 1862.

LES
DROITS DES ARPAD

(CROUY-CHANEL DE HONGRIE)

par

ALBERT NYARY

BARON DE NYARÉGYHARA

Membre né de la Haute Chambre de Hongrie

TRADUIT DU HONGROIS

TURIN

Imprimerie de Compositeurs-Typographes

rue du Théâtre d'Angennes, 16.

Juin, 1862.

SIMPLE AVIS

En écrivant cette étude historique, j'ai eu la pensée de faire connaître à ceux de mes compatriotes qui les ignorent et aux étrangers les bases légales de l'hérédité du trône hongrois.

J'ai voulu donner un témoignagne public de ma reconnaissance patriotique envers le fondateur de ma patrie, le Grand et Vénéré Arpad, dont les descendants existent dans la personne des princes de Hongrie dits Crouy-Chanel.

LES
DROITS DES ARPAD

CHAPITRE PREMIER.

> « Ut quandiu vita duraret tam ipsis
> « quam etiam posteris suis semper du-
> « cem haberent de Progeniæ Almi (Arpad)
> « ducis. »
>
> ANONYME, cap. VI.

La Nation hongroise est la famille la plus remarquable de la grande famille des peuples qui parlent les langues d'Ural-Altaï; la tradition la dit issue de la partie nord-est de l'Asie, et les vieilles légendes parlent de ce berceau de la nation comme de la terre mystérieuse des dragons et des griffons.

Les annalistes désignent la terre de Evilalh voisine de la Perse, comme la patrie primitive

es Hongrois ; les écrivains grecs et armé-
iens les désignent à cette époque sous le
om de *Euthalita* (1). Ils se rendirent célè-
res par des guerres sanglantes contre les
assanides.

Plus tard, nous les trouvons sous le nom
e *Huns,* alliés de l'empereur Héraclius contre
Kozrues, roi des Perses.

Dans le VIIe siècle, pressée probablement
ar les armes victorieuses de l'Islam, une
artie de ce peuple émigre et vient s'établir
ans les plaines fertiles au confluent du Terek
t de la Kuma, au pied du Caucase, ayant
our voisins les Uz et les Bissenis (Pecsene-
ers), peuples d'origine commune avec eux.
es ruines de la ville « Madzar », situées sur
a rive gauche de la Kuma, attestent leur sé-
our dans ces contrées.

Une autre partie de la nation se jeta dans
a Bascardie (2), située sur les bords de l'Irtis,
u Volga (Athel) et de l'Oural, où elle fit
lliance avec les Kazars, dont l'origine pri-
nitive était commune avec la leur ; mais tou-
ours en lutte avec les divers peuples qui dé-
ordaient de l'Asie sur l'Europe, les fils des
Huns abandonnèrent cette patrie passagère

(1) Voir Constantinus podpherigenitus : Zabar-theopha-
tes.

(2) Les Baskirs.

et portèrent leurs tentes en Europe dan
les pays situés entre le Don, le Dnieper e
l'Igul.

Tous ces fils des Huns réunis formaien
une espèce de confédération républicaine com
posée de sept tribus, ayant chacune sa con
stitution propre et son chef indépendant
toutefois la communauté de religion et d'ori
gine, comme aussi un passé commun, liai
ces sept tribus entre elles.

Les événements démontraient de plus er
plus que ces liens étaient impuissants à main
tenir l'harmonie entre les tribus. Encore quel
ques excursions isolées, quelque guerre san
glante, quelque lutte intestine entre les diver
chefs de la confédération, et le nom des Ma
gyars disparaissait dans ce cahos de l'émigra
tion des peuples.

En présence de ce péril, le kan des Kazars
uni aux Hongrois par une étroite et sincèr
alliance, envoya des ambassadeurs aux chef
de ce peuple, les invitant à concentrer l'au
torité suprême sur un chef commun et leu
proposant pour cette dignité ELDOD (LEPED
. . . . . . mais ELDOD déclina cet honneur er
faveur d'ARPAD (selon plusieurs écrivain
d'ALMUS ou ALMOS), fils du sage ALMOS e
petit-fils de l'héroïque UGEK, chef de la plu
nombreuse tribu de la confédération des Ma
gyars et le personnage le plus distingué d

a noble et puissante famille Turul, qui riva-
isait de puissance et d'influence avec Eldod.

La nation trouvait en Arpad, outre un ex-
cellent guerrier, un capitaine expérimenté et
un habile politique. En outre, la tradition le
faisait descendre d'Attila (1); des prophéties
onirocritiques (2) faites par les prêtres (tatos)
à l'occasion de la naissance d'Almos don-
naient à ce choix comme un cachet religieux,
et chacun reconnaissait qu'Arpad pouvait seul
fonder l'unité et avec elle la grandeur future
de la nation.

La proposition d'Eldod fut donc accueillie
avec une grande faveur et la plus chaleureuse
sympathie. Arpad fut élevé sur le bouclier
d'Almos et proclamé chef suprême de la nation
entière. Alors les chefs des tribus et les pères
ou chefs de famille tirant du sang de leurs

(1) Scriptor. Rer. Hung. Vindobon. 1746. Anonymus
Bela Reg. Notar. cap. V. « Tunc elegerunt sibi quaerere
« terram Pannoniae, quam audiverant fama volante ter-
« ram Attilae regis esse, de cuius progeniae dux Almus
« pater Arpàd descenderat. »

(2) UGYANOTT, cap. III. « Sed ab eventu divino est no-
« minatus Almus, quia matri (Emesô) eius pregnanti per
« somnium apparuit divino viso in forma asturis, quae
« quasi veniens eam gravidavit. Et innotuit ei quod de
« utero eius egrederetur torrens, et de lumbis eius re-
« ges gloriosi propagarentur. »

bras et le mêlant à du vin renfermé dans un calice le vidèrent ensemble, comme symbole de leur unité future et de leur fidélité au serment qu'ils prêtèrent simultanément (1) :

1° De choisir leur Duc de la famille d'Arpad.

2° De partager les terres conquises en commun entre tous les membres de la nation.

Par l'article 3 de ce pacte les chefs de tribus qui avaient élu Arpad ne pouvaient jamais, eux ou leurs descendants, être exclus du conseil du duc et du gouvernement de la nation.

Par les articles 4 et 5, les contractants déclaraient que si jamais l'un de leurs descendants osait rompre le lien de fidélité qui l'unissait au duc, provoquait ou aidait à provoquer la discorde parmi les chefs des tribus, son sang devait être versé comme ils versaient leur sang en prêtant serment dans les mains d'Arpad.

Une malédiction suprême et l'exclusion de la nation étaient réservées à celui qui violerait ce serment.

La Hongrie se trouvait ainsi constituée *souverainement ;* cette constitution nouvelle ne tarda pas à porter ses fruits par la conquête ou l'annexion de l'Atelköz (constituant aujourd'hui le territoire de la Moldavie et de

(1) Même auteur cité précédemment, ch. VI.

'Ukraine), et peu après par celles de la patrie
ctuelle des Hongrois.

Unis par un centre commun, les fils de la
nême famille cessèrent de se diviser, la nation
le fut plus affaiblie par des émigrations suc-
essives, comme il était arrivé jusqu'alors;
oin de là, elle ne tarda pas à se renforcer par
'annexion des Kabars (Palocz) et enfin par
elle des restes des Huns d'Attila, qui vivaient
omme resserrés dans les montagnes de la
Transylvanie.

Ces derniers acceptèrent le pacte fondamen-
al de la constitution de leur nouvelle patrie,
es gravèrent sur des tables de pierre, et nom-
nèrent Arpad leur chef suprême (Rabonban).

Alors Arpad, fort de la confiance de toute
a nation, ordonna une assemblée générale à
Pusztaszer, dans laquelle eut lieu le partage
les terres; consolidant ainsi les titres et droits
les propriétés individuelles. La nation réunie,
fficiellement, confirma de nouveau les cinq
rticles du pacte fondamental, et les proclama
ine seconde fois loi fondamentale de l'empire.

CHAPITRE II.

Toutefois à la mort d'Arpad la Hongrie
trouva dans une situation très périlleuse ;
opposition avec toute l'Europe et principal
ment l'Europe occidentale, par leurs cout
mes, leur langue, leur origine, leurs mœu
et leur religion, qui n'était autre qu'un a
semblage de diverses formules du paganisn
asiatique, les Hongrois se trouvaient d'a
tant plus isolés qu'ils avaient rompu tou
communication avec leur patrie originell
sans trouver aucune compensation dans le
situation nouvelle.

La Hongrie représentait une masse ento
rée de tous côtés par des ennemis, protégé
il est vrai, au nord, à l'est et au sud par d
chaînes de montagnes, mais ouverte à l'ou
aux agressions de ses plus acharnés adve
saires, les Allemands, et en outre mal pr
tégée par les chaînes de montagnes du nor
de l'est et du sud, ses enfants passant la pl
grande partie de leur existence à chev
Remarquons, en outre, que la nouvelle pat

formait une agglomération des éléments les plus divers.—La Hongrie actuelle constituait, avant son organisation sociale par Arpad et avant ses conquêtes, dix Etats divers, ce qui, il est vrai, avait facilité la conquête, mais augmentait les difficultés de maintenir cette nouvelle agglomération sous une législation commune et dans un ensemble unitaire.

La Bulgarie, la Moravie, la Russie, l'Allemagne et l'empereur de Bysance, à la suzeraineté desquels ces divers petits Etats avaient été soustraits, crurent l'occasion favorable pour venger l'outrage qu'ils avaient reçu ; la guerre devenait donc imminente de toute part ; les Magyars comprirent la difficulté de leur situation ; ils renouvelèrent le serment de fidélité au pacte national dans les mains du jeune Zoltan, et préférant l'offensive à la défensive, ils portèrent au dehors le théâtre de la guerre.

Ces terribles campagnes sont écrites en caractères de sang dans les fastes de notre patrie. En même temps que l'Allemagne entière tremble sous les pas de nos pères, la bannière ducale ornée du faucon franchit les Alpes et vient flotter sous les murs de Capoue, pendant que Botond, le hardi et vigoureux capitaine, brise avec sa masse d'armes les portes de Constantinople. Toutefois cette série de succès épuise les forces vives de la patrie, et les malheureuses journées de Mersebourg et d'Augsbourg (955) jettent l'alarme dans l'esprit de nos plus vaillants soldats. Dans ces douloureuses circonstances le génie d'Arpad ne leur fit point défaut ; ils firent face aux grandes pertes des grandes guerres par des colonies appelées de l'étranger ; ils organisèrent la défense de la patrie, cherchant par une politique sage et médiatrice à reconcilier avec les Hongrois les peuples primitivement conquis et annexés, leur accordant les droits nationaux, tout en les laissant s'administrer *eux-mêmes*, conformément à leurs lois et à leurs coutumes ; constituant, en un mot, en politiques habiles, cette puissante Confédération Danubienne que la postérité connaît seulement sous le nom de l'*Antique Royaume Hongrois*.

Mais tous les efforts de Zoltan et de Taksony (Toxun ou Toxis) étaient vains, tant que l'Europe chrétienne n'avait point accepté et reconnu l'institution de cette nouvelle nation dans son sein et établi des relations régulières et amicales avec ses chefs ; et il ne paraissait point possible d'atteindre ce but en dehors de la conversion à la foi chrétienne, seul moyen efficace à une époque où la Cour papale disposait du privilége, en quelque sorte exclusif, de représenter le droit international. Taksony comprit cette pensée, et dans les dernières années du Xe siècle (972-997) son fils Geyza était initié au christianisme par le baptême.

En 985, l'empereur d'Allemagne s'engageait contractuellement à donner pour épouse une fille de sa famille a Vaik, fils de Geyza, lorsque celui-ci aurait adopté la foi chrétienne. Vaïk se fit instruire dans les dogmes du catholicisme et reçut le baptême, en 994, sous le nom d'Etienne. Deux ans plus tard, il épousa Lizella, fille de Henri de Bavière ; dès lors la famille des Arpad était reconnue en Europe et l'autonomie de la Hongrie acceptée par les cours étrangères.

CHAPITRE III.

La fondation de la nouvelle patrie des fils des Huns, qui prenait date à l'élection d'Arpad, se trouvait consacrée par la reconnaissance qu'en faisaient les cours étrangères, et par l'entrée des Hongrois dans la vie sociale des autres peuples de l'Europe, mais il restait encore de grandes difficultés d'administration intérieure à surmonter pour constituer une grande nation de cet assemblage de vainqueurs et de vaincus ; car la Hongrie se composait, au point de vue du droit public :

D'une part, des Hongrois proprement dits, dans le sens étroit du mot, et des peuplades indépendantes qui étaient seulement liées à la personne du duc, soit par leur annexion ou soumission volontaire avec adoption du pacte fondamental (1) soit par droit de possession privée de la famille Arpad (2).

(1) Les Cimbres en transylvanie, par exemple, gravèrent les lois fondamentales sur le marbre.

(2) La principauté Bihar, héritée par Zoltan du che

D'autre part : des tribus qui possédaient des terrains séparés et commandés par des chefs héréditaires; ce qui divisait la patrie commune en autant de provinces qu'il y avait de tribus, dont les chefs formaient encore un danger pour l'Etat, parce que les forces militaires des tribus étaient réunies dans leurs mains.

Etienne avait donc à résoudre le problème d'une véritable unité nationale, et à réunir les diverses tribus sous l'empire d'une loi commune, en un mot, à constituer un véritable gouvernement unitaire.

Après avoir apaisé la révolte de Kupa, il chercha à s'entourer d'un apparat plus majestueux et plus imposant que ne l'avaient fait ses pères, rehaussant son autorité par la splendeur de sa cour.

En l'an 1000, il députa l'archevêque de Kalocsa à la Cour de Rome et reçut du pape Sylvestre II, en signe de bonne alliance et d'amitié, *la Sainte Couronne surmontée de la Croix*, avec la qualification de Roi APOSTOLIQUE (1).

de son épouse née Men-Marot ; laquelle principauté avait 300 lieues de superficie.

(1) BONFINIUS, Dec. *Hist. Hungariae*, ch. 136, imprimé à Tyrnavia. — *tripartitum juris Hungariae*, 1re p., tit. 7e, paragr. 111.

Au retour de l'archevêque de Kalocsa, Etienne convoqua une assemblée générale de la nation à Gran (Strigonium, Esztergam) où il fut couronné le 15 août, renouvelant, en même temps, le Contrat fondamental (1) qui garantissait le pouvoir *perpétuel* dans la famille d'Arpad, proclamant une constitution nouvelle, et donnant à son gouvernement une forme et une dénomination nouvelles.

Dans cette assemblée solemnelle, le royaume fut divisé en comtés *(comitatus)* et le pouvoir souverain déposé dans le mains du roi.

C'est à cette fondation de l'unité du pouvoir et de la dignité royale que commence pour la Hongrie la brillante période des rois de la Maison d'Arpad.

(1) Hartvrick, *Vita S. Stephani.* «Decretum perpetui « foederis subscriptione ad posteros suos transmisit. » — Kovacsics, *Vestigium Comitiorum,* pag. 10.

2ᵉ Liv. des Lois de St. Étienne.

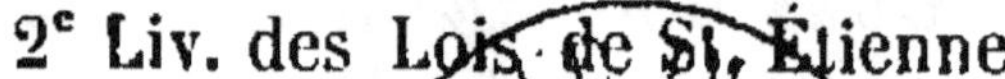

2

CHAPITRE IV.

La période des rois de la famille Arpad dura
300 ans, et compte 21 rois, tous descendant
d'Arpad en ligne directe et masculine ; toutefois après la mort d'Etienne l'autorité souve-
raine fut usurpée par les princes Pierre (1)
et Samuel (2) descendant par branche féminine ; cette usurpation eut lieu en l'absence
des représentants des branches masculines ;
mais André Ier étant de retour dans la patrie,
chassa les usurpateurs du trône, fut acclamé
roi dans une assemblée générale par le suffrage
unanime de la nation (3), tous les édits de

(1) Pierre était fils de Gizella, sœur d'Étienne, et du
doge de Vénétie.

(2) Samuel était le mari de Charlotte, autre sœur d'É-
tienne.

(3) *Chronicon Budense* --- Chronique de Bude, p. 91 :
« Tunc nobiles Hungariae videntes mala gentis sue, in
« *chanad* unum convenerunt, consilioque habito totius

Pierre et de Samuel furent déclarés nuls et effacés de la liste des lois de Hongrie.

Je n'ai point à décrire cette brillante série de faits qui constituent notre histoire sous le sceptre des Arpad ; leurs descendants porteraient sans doute encore la *sainte couronne*, dont leurs ayeux s'étaient montrés si dignes, si vers la fin de cette glorieuse période de notre histoire nationale il ne s'était produit des événements auxquels cette famille vénérée et la patrie durent simultanément leurs malheurs.

D'abord sous André II, profitant de l'absence du Hierosolymitain, l'oligarchie tenta d'affaiblir l'autorité royale, et pactisant sour-

« Hungariae nuncios miserunt solemnes in rusciam ad
« *Andream, Levente* discentes eis, quod tota Hungaria
« eos fideliter expectare et universum regnum eis, sicut
« regali semini, libenter obsequi tantum modo ipsi in
« Hungariam descenderent, et eos a furore teutonicorum
« defenderent. Hoc etiam juramento firmaverunt quod :
« statim, ut ipsi Hungariam introirent, omnes Hungari
« unanimiter ad eos confluerent et eorum domino se
« subderent.... etc. »

Id. p. 100 : « Petrus autem rex videns Hungaros una-
« nimiter adherisse ducibus *Endre* et *Levente*, ipse cum
« suis Teutonicis fugam iniit versus *Musum*, etc. » (aujourd'hui *Mosony*).

dement avec les souverains étrangers, elle usurpa, autant qu'elle le put, des parcelles de pouvoir.

Plus tard, en 1242, le territoire fut envahi par les Mongols ; les populations se trouvèrent décimées par d'immenses massacres ; comme dans les temps anciens, le souverain fit appel aux colons allemands, pour repeupler les campagnes ; mesure funeste qui introduisit dans le pays de nombreux étrangers, qui, indifférents aux traditions nationales, n'avaient point cette vénération des lois qui distingue le véritable Hongrois, et qui étaient complètement indifferents aux traditions et aux droits historiques.

Vers la même époque, des unions réciproques eurent lieu entre la maison d'Arpad et la maison d'Anjou ; alliance funeste, principale source des désastres que je signalerai plus tard.

Enfin, comme éléments de destruction de la maison d'Arpad, l'historien doit enregistrer l'intervention des papes, qui, affaiblis dans le pouvoir temporel par les princes de la dynastie de Hohenstaufen, se fortifiaient en remplaçant les anciennes dynasties par des dynasties nouvelles, lesquelles, sous l'empire d'une reconnaissance immédiate, prêtaient aide et appui à l'omnipotence romaine.

Quoiqu'ils fussent zélés propagateurs de l
foi catholique (1), les princes de la famill
d'Arpad furent avant tout ardents patriotes
et ne firent jamais de lâches concessions
l'évêque de Rome, dont ils refusèrent con
stamment de subir l'arrogance, alors que, s
rappelant l'investiture donnée à Etienne, l
pape prétendait à un droit de suzeraineté su
la Hongrie, comme il l'exerçait sur les Etat
de Naples et sur l'Angleterre.

C'est principalement sous le règne de La
dislas IV que cette lutte devint acharnée, e
que le pape Nicolas III laissa éclater toute s
haine contre ce prince. Il avait ordonné qu'ur
synode fût tenu à Bude, sous la présidenc
de Philippe, évêque de Forniano, mais le
déterminations du Synode ayant éte contrai
res à la constitution nationale et aux droit
que le monarque tenait de cette constitution
Ladislas donna ordre aux magistrats de l
ville de Bude d'exiler tous les prêtres de l
ville, et de contraindre le synode à se dis
soudre, en réduisant par famine les membre
qui le composaient ; en outre, Ladislas fi

---

(1) Rome avait canonisé cinq membres de cette fa
mille : Étienne, Émeric, Ladislas, Élizabeth et Marguerite
fille de Bela IV.

personnellement arrêter le nonce (1). Dès lors toute transaction avec Rome était devenue impossible.

La famille d'Anjou de Naples convoitait la couronne de Hongrie dès l'époque du mariage de Charles Ier et de Marie, fille d'Etienne V de Hongrie : un pacte secret l'unit à Nicolas III, qui appuya les prétentions de ces princes ambitieux, et bientôt la maison d'Anjou, certaine que les foudres du Vatican ne se tourneraient pas contre elle, s'ouvrit la route du trône de St. Etienne par le fer et le poison. . . . . . . L'extinction des branches masculines de la famille d'Arpad fut jurée; André, frère de Ladislas, meurt étouffé; Tomassine Morosini, l'énergique veuve d'Etienne le posthume (mère d'André III) succombe par le poison, simultanément avec ses petits fils FELIX et MARC (2), peu après la couronne

(1) PETZ, *Scriptor rerum austriacarum*, T. I, p. 1091 et 3224.

(2) Voir dans les Archives du Chapitre de Saint-Jehan-Baptiste et dans 6me volume du Cartulaire de Notre-Dame d'Amiens, page 34, coté en tête VII, la fondation de Marguerite de Sicile femme du comte Charles de Valois, faite en 1292 au Chapitre de Notre-Dame d'Amiens pour le repos de l'âme de feu noble chevalier FÉLIX DE HONGRIE, *Cousin* de ladite Marguerite et FILS AÎNÉ DE TRÈS-NOBLE

ne peut protéger Ladislas, qui meurt assassiné (1290) et meurt sans laisser de fils; i
ne reste plus des lignées mâles qu'André l
Vénitien et les fils de Félix et de Marc, enfants retenus dans les montagnes d'Allevar
ou en Picardie sous la surveillance des Anjou

André le Vénitien, fils d'Etienne, petit-fil
d'André II, est le légitime possesseur de l
couronne; il accourt faire valoir ses droits
que lui disputent simultanément le pape Nicolas VI et le prince Charles. Celui-ci, for
de l'assentiment du pape agissant en vert
de son prétendu droit de suzeraineté, s'est fai
couronner roi de Hongrie à Naples.

Cette première tentative d'usurpation échou
contre le patriotisme du clergé hongrois e
principalement du prince-primat Lodomer
mais Rome et Naples ne perdent point cou
rage; Nicolas et Charles, unis par un accor
criminel, recourent d'abord à la séduction

PRINCE ANDRÉ DE HONGRIE (*sic*); ledit Félix (aux term
de la donation *dechede soubitement en la flour de so
aage* NON SANS SOUPECHON DE MALENGIN LAISSANT A CI
MONDE SA UEUE AUEC TROIS PETITS ENFANTS; dan
cet acte de fondation Marguerite explique que Félix e
son cousin « tant par medame Marie de Honguerie notr
« chiere mere, que par mon Segneur Charles roi de S
« cile notre très-redouté père. »

Ils gagnent à leur cause des familles puissantes, entre autres celle de Brebèr (les ancêtres des comtes Zrinyi), et ils jettent là malheureuse Hongrie dans les horreurs de la guerre civile, qui se termine par l'empoisonnement d'André III, empoisonnement commandé et soudoyé par la Cour de Naples.

CHAPITRE V.

La mort soudaine du roi (1) causa une con-
fusion terrible dans la Hongrie ; le roi avait
laissé des petits-fils, mais ils étaient encore
enfants, et sous la surveillance, ainsi que je
l'ai dit, des princes de la maison d'Anjou ;

(1) Un historien célèbre de la Hongrie, le docteur
Erdy, *membre de l'Académie hongroise et gardien de la
section des antiquités du musée national hongrois*, a
tracé un tableau très-émouvant des derniers jours de
cette première race royale de la Hongrie : « Il y avait,
« dit-il, dans ces temps de guerre civile, il y avait à
« Naples et à Rome un conseil secret, dirigé par les
« deux rois Charles Iᵉʳ et Charles II, qui poursuivaient
« avec acharnement l'anéantissement de la race des Ar-
« pad ; c'est par le fait de ce conseil que le frère cadet
« de Ladislas fut étouffé ; que Ladislas fut assassiné ; que
« *Félix, le fils d'André III, périt de mort subite* ; que
« Thomassina Morosini, mère d'André III, mourut par le
« poison, et qu'André III lui-même succomba par la
« même fatalité, ainsi que plusieurs patriotes, connus
« par leur fidélité à leur souverain. »

ces enfants habitaient dans le Dauphiné, appartenant à la Provence possédée par la maison d'Anjou ; ils étaient retirés dans les montagnes d'Allevard, dans les biens acquis par le prince Etienne, père d'André III. En outre, les communications entre cette partie des Alpes et la Hongrie étaient difficiles et rares ; l'usurpation devint toute-puissante ; la nation agit donc sous l'empire de la contrainte, et aux termes du pacte fondamental et du II⁰ volume du Code de saint Etienne, considérant les circonstances COMME EXTRAORDINAIRES, elle élut un roi pris dans les branches féminines.

La prétendante la plus proche du trône eût pu être Elizabeth, fille d'André III ; on dut même craindre qu'elle ne réclamât en faveur de ses petits neveux ; le duc d'Autriche, Albert, l'enleva ; elle se vit renfermée dans le couvent de Tœss, en Suisse, où elle ne tarda pas à finir ses jours.

Parmi les nombreux descendants d'Arpad par les femmes, quatre concurrents se présentèrent aux suffrages de la nation :

1º Charobert, fils de Charles 1ᵉʳ dit Charles Martel, roi de Naples, petit-fils de Marie, fille d'Etienne V ;

2º Le prince de la Serbie, descendant d'Anna, seconde fille d'Etienne V ;

3º Vencel, roi de Bohème, fils de Qunégonde, fille d'Anne, dont le père était Bela IV;

4° Othon, roi de Bavière, fils d'Elisabeth, fille de Bela IV.

La nation se prononça en faveur de Vencel et son fils fut proclamé roi.

Charobert en appela au pape; Boniface VIII cita le jeune Vencel à sa barre (1). Cette citation demeura sans effet; un synode fut convoqué à Bude par le nonce Nicolas, mais sans succès pour les prétentions de Charobert; dès lors le pape fulmina une bulle d'excommunication contre la ville de Bude, dont le clergé répondit par une excommunication, en quelque sorte reconventielle, contre l'Evêque de Rome (2); mais les intrigues incessantes de Rome et de Naples multipliant les difficultés autour de ce jeune monarque, il fuit la Hongrie après un règne de 4 ans, abdiquant en faveur d'Othon, qui, fait prisonnier par Apor, Voyode de la Transylvanie, fut contraint de renoncer au trône de Hongrie pour racheter sa liberté.

. Lasse de ces troubles incessants, la nation offrit la couronne à Charobert; pendant près de cent ans, la maison d'Anjou règne sur la Hongrie, non sans avoir à lutter contre de vigoureuses résistances. Csack Máté, fidèle

(1) Georg. Feyer, *Codex Dipl.*, T: II, p. 86.
(2) *Script. Rer. Hung.*, Turoci, p. 86.

aux souvenirs de la loi fondamentale, refusa
de reconnaître l'autorité de ces nouveaux maî-
tres, et ce héros national perpétua l'agitation
insurrectionnelle jusqu'à sa mort. Le bour-
reau devint le puissant auxiliaire des Anjou;
bientôt, par ordre du roi, Félicien Zah, l'ami
de Csak Máté, fut assassiné, et tous ses pa-
rents, jusqu'au septième degré, décapités; —
dès lors le parti national était vaincu et l'usurpation consommée.

La période après Louis le Grand nous donne
le spectacle d'un puissant empire que l'inca-
pacité de ses gouvernants précipite vers sa
ruine, et nous ne rencontrons que les noms
de Jean et de Mathias Corvinus qui brillent
comme des météores passagers dans cette té-
nébreuse époque de notre histoire.

D'une part, la Confédération Danubienne
était en proie à des divisions intestines; d'autre
part, le droit hériditaire, ainsi étendu sur une
base trop large, donnait prétexte à des luttes
incessantes qui épuisaient les forces nationales, pendant que la Hongrie était placée comme
un bastion avancé contre les valeureux et puissants Osmans qui s'avançaient du sud-est,
menaçant l'Europe entière de la plus meurtrière dévastation.

Après la malheureuse bataille de Nicopolis
commencèrent les guerres acharnées et con-
tinuelles contre les Turcs; la nation hongroise

put se convaincre qu'elle ne pouvait tenir tête à ces redoutables adversaires du christianisme qu'avec l'appui de puissants alliés ; mais dans le 14me et le 15me siècle, c'était seulement dans une *union personnelle* qu'on pouvait trouver une alliance sincère et durable.

Dans l'élection de ses rois, la Hongrie était donc contrainte de consulter, outre ses lois nationales, les nécessités politiques. C'est-à-dire que, non-seulement elle dut exiger que les prétendants à la couronne fussent descendants d'Arpad par ligne féminine, mais encore qu'ils fussent en possession d'une autre couronne et d'une puissance qui, associée à leur propre puissance, la rendît formidable.

Dans la longue période qui a suivi, nous ne trouvons que Mathias Corvinus et Léon Zapolya, élus violemment et sans les formalités prescrites, qui n'aient point satisfait aux exigences de cette politique et de la loi fondamentale ; tous les autres rois ont été simultanément descendants d'Arpad en ligne féminine et puissants à l'étranger.

Nous avons déjà vu que les rois Vencel, Othon et Charobert (maison d'Anjou) étaient prétendants à la couronne hongroise par droit de succession des lignes féminines de la dynastie d'Arpad ; examinons maintenant les titres des rois ou des dynasties qui leur succédèrent :

Sigismond de Luxembourg était l'époux de la fille héritière du roi de Hongrie Louis le Grand, qui descendait en ligne féminine de Bela IV (1).

Albert de Habsbourg, époux d'Elizabeth, fille unique de Sigismond.

Ladislas V, fils d'Albert.

Vladislas Ier, Vladislas II et Louis II (Jagellons), descendants de la reine de Pologne Hedwig, fille puînée de Louis le Grand. C'est aussi de cette famille que les Habsbourg lorrains empruntent, par des mariages, la prétention au trône de Hongrie.

(1) Parce qu'il était fils d'Élizabeth, sœur de Vencel.

CHAPITRE VI.

La maison de Habsbourg avait déjà émis cette prétention lors de la candidature et de l'élection d'Albert ; mais Ladislas son fils étant mort sans enfants, Vladislas triompha des prétentions des Habsbourg.

Dans Albert et Ladislas V son fils, les Hongrois n'avaient pas élu *la famille d'Habsbourg* pour leurs rois, mais les descendants d'Arpad en ligne féminine, et c'est par cette raison que le Pays ne reconnaissait pas les prétentions de la ligne Habsbourg-Steyer, qui avait hérité les provinces allemandes de la ligne d'Albert, aussi Frédéric III et Maximilien Ier, qui voulaient à tout prix acquérir le trône hongrois pour leur famille, étaient contraints de faire un contrat avec Vladislas II (Jagellon), par lequel on stipule qu'Anne, fille de Vladislas, devait être donnée pour épouse à Ferdinand, petit-fils de Maximilien, et que pour le cas où un fils naîtrait à Vladislas, il devrait épouser Marie, petite fille de Maximilien.

Ce contrat fut confirmé en 1515, et, peu de

temps après, le mariage entre Ferdinand et Anne eut lieu. Par cette manœuvre habile, il fut possible, après la désastreuse bataille de Mohàcs (1526) dans laquelle périt Louis II fils de Vladislas II, il fut, dis-je, possible à un Habsbourg, beau-frère de Louis II, de se présenter parmi les candidats au trône de Hongrie.

Une partie de la nation proclama, à la mort de Louis II, Zapolya, comte de Zips ; mais les grands du pays, avec le palatin Etienne Bathory, mirent Ferdinand sur le trône.

Pour vider ce différend, on constitua à Olmütz, une commission *compromissionnelle*, sous la présidence du roi de Pologne, devant laquelle Statilius, envoyé de Zapolya, fonda les prétentions de son client sur le droit de l'élection libre des rois hongrois, et 2° sur le principe de l'exclusion des étrangers, proclamé par la décision de l'assemblée nationale sur le Rákos en 1505.

Widmann, ambassadeur de Ferdinand, repoussa cet argument en déclarant que, selon les lois fondamentales, la nation avait LE DEVOIR d'élire ses rois parmi les descendants d'Arpad, et établit que la décision de 1505, qui avait été prise en dehors des formes constitutionnelles, était sans valeur ; il exposa les droits de Ferdinand au trône de Hongrie, en constatant sa descendance féminine d'Arpad par le mariage avec Anne (1), rappelant à la commission que, depuis 800 ans, la nation avait toujours reconnu et proclamé CE DROIT des fils de St. Etienne.

A la vérité, les commissaires se séparèrent sans prononcer de sentence, et Zapolya, appuyé par Soliman, put prendre l'investiture de la couronne ; mais ces discussions avaient ravivé le sentiment national, et le nouveau monarque ne put se dissimuler qu'il lui serait impossible de fonder une dynastie contre laquelle les Hongrois fidèles à leur constitution fondamentale seraient toujours en révolte. Il se résolut donc, en 1538, à conclure, à Nagyvàrad, un traité secret avec Ferdinand, par lequel il renonça pour ses descendants au trône de Hongrie, en faveur de Ferdinand, roi légal.

Quatre ans plus tard (1542), Zapolya mourut, et depuis lors, c'est-à-dire depuis plus de trois siècles, la famille d'Habsbourg est

(1) MELCHIOR COLDASTI, *Colleccio variarum consiliorum de successione et jure haereditario Familiae Regiae in Hungar. et Bohem.* Francoforti, 1719, tom. II, pag. 6, « der dritte Titul ist die rechtmaesige Erbschaft, hochermelter Koeniglicher Mait, Gemahl, nach vermoeg der Koenig zu Hungern Succession ob fünfhundert Iahren, ond von Zeit Abgangs der Hungern ersten Koenig des heiligen Stephan e. c. l. »

en possession de la couronne, EN VERTU DE
CE DROIT DE DESCENDANCE FÉMININE, et a
donné 14 rois à la Hongrie, et bien que l'assemblée nationale de Pressbourg (1687), ef-
frayée par les massacres d'Eperjes, sous le
règne de Léopold Ier, se soit cru le pouvoir
de substituer le droit de primogéniture à la
libre élection, bien même qu'en 1723 on ait
élargi ce droit en faveur des princes de la
maison de Lorraine, par le contrat bilatéral
nommé sanction pragmatique, comme ces ré-
solutions sont fondées sur le droit de descendance du sang d'Arpad, le droit fondamental reste toujours en vigueur, ainsi qu'il res-
sort du paragraphe 4 du 2ᵉ article des lois de
l'assemblée nationale de 1715 (1), et du préam-
bule des lois des assemblées nationales de
1790-1791 et 1792 (2).

(1) *Corpus juris hungariae*: 1° quod proeter ab antiquo deductum hoereditariam regiam Successio.

(2) Id.

CHAPITRE VII.

Parcourant donc l'histoire de l'hérédité de la couronne de Hongrie depuis plus de huit siècles et demie, nous voyons qu'à l'exception de deux rois — Mathias Corvinus et Léon Zapolya — tous ont basé leurs prétentions à la couronne sur le droit de descendance d'Arpad, que j'appellerai LE SANG FONDAMENTAL.

Nous voyons que les Hongrois ont constamment exigé de leurs rois cette descendance d'Arpad; que cette exigence est fondée sur les articles 1, 4 et 5 du contrat fondamental ou d'investiture de l'autorité suprême en faveur d'Arpad et de son sang (1); articles confirmés par le suffrage universel sous André Ier, principalement l'article 1er, qui dit expressément que le duc ou chef de la na-

(1) Comme par l'article 5, les chefs des tribus ne pouvaient jamais être exclus des conseils du monarque et du gouvernement de la nation. Article fondamental de l'institution des Magnats.

tion devra toujours être élu de la famille d'Arpad.

On peut enfin se convaincre que cet antique droit relatif à l'hérédité de la couronne est toujours en vigueur, malgré la sanction pragmatique, et qu'il est même reconnu par la dynastie des Habsbourg-Lorrains, puisqu'il est constamment rappelé en ces termes: *avec approbation*, « quod præter ab antiquo deductam hæreditariam regiam successionem » (1).

Disons aussi que pas un droit public hongrois n'a osé jusqu'ici méconnaître ou mettre en doute ce droit.

Mais si la descendance féminine d'Arpad est déjà un titre, disons mieux, un droit au trône hongrois, comment prétendre que les descendants directs et masculins peuvent être exclus.

Est-ce qu'il existe une seule loi nationale qui les ait bannis du trône ?

Est-ce peut-être que le temps aurait prescrit leurs droits ?

En un mot, qu'est-ce qui appartient à ces descendants masculins et directs d'Arpad, et à quoi peuvent-ils prétendre légalement en Hongrie ?

Non, certes, aucune loi n'a frappé de pro-

____

(1) *Corpus Juris Hungariae.*

scription les descendants masculins du vénéré Arpad, et nous avons honte nous-même d'avoir posé cette question.

Disons aussi que les droits royaux ne prescrivent jamais, quand ils sont la base de la constitution, c'est-à-dire, des droits de la nation.

Les raisons pour lesquelles ces fils d'Arpad n'ont pas fait valoir leurs droits, s'expliquent suffisamment par la position exceptionnelle dans laquelle ils se sont trouvés placés, par la violence des événements qui les ont privés de la couronne, et par l'isolement et la compression dont ils ont été victimes.

Redisons-le : en peu d'années André, fils d'Etienne V, Thomassine Morosini, l'intrépide veuve d'Etienne le posthume, Félix et Marc ses petits-fils, Ladislas IV, André III meurent frappés par le fer ou victimes du poison. Les plus énergiques patriotes ont éprouvé le même sort; Rome et Naples ont soudoyé les meurtriers; la révolte, suscitée par l'argent de l'étranger, laisse de jeunes enfants, placés sous la protection meurtrière de la maison d'Anjou, dans l'impuissance de se produire.

Charles est tout à la fois leur tuteur et leur geôlier pendant que son fils Charobert s'assure la possession de leur couronne; une

seule femme dévouée, Anne, la sœur de Félix
et de Marc, la fille d'André, eût pu faire en-
tendre sa voix en faveur de ses neveux ; elle
est enlevée et enfermée jusqu'à la mort dans
un cloître qui garde sa tombe.

Pendant ce temps, la patrie se débat dans
les angoisses de l'anarchie.

Comment plus tard les fils d'Arpad auraient-
ils pu en appeler à la nation, alors qu'ils é-
taient sans appui, et que la patrie, sans cesse
occupée, ainsi que je l'ai dit, à repousser les
hordes turques, avait compris la nécessité
d'agrandir ses forces par le protectorat d'une
puissance étrangère ? L'abnégation des descendants masculins d'Arpad fut une noble
vertu patriotique.

Pendant qu'ils souffraient toutes les dou-
leurs de l'isolement, des souverains étrangers
se disputaient les splendeurs de la couronne
de saint Etienne. Oh ! n'en doutons pas, si
à l'époque des grandes assemblées l'un de
ces fils de Félix fût sorti de sa retraite et
en eût appelé à la nation, la nation ne serait
pas restée sourde à sa voix, car la Hongrie
n'a jamais oublié qu'elle est redevable à Arpad
et à ceux de son sang, de l'institution de la
patrie, de sa religion, de ses lois, de ses
mœurs et de ce qu'elle a eu d'indépendance.
Plus la patrie a souffert pour son indépendance, plus elle eût fait acte de justice, en

se conformant, dans une élection royale, au pacte fondamental et aux prescriptions légales d'après lesquelles lá préférence est due aux plus proches descendants d'Arpad (1). Selon l'esprit de ces lois, les descendants directs masculins d'Arpad auraient toujours eu et ont toujours le premier droit sur le trône hongrois, d'autant plus que ces droits ne peuvent prescrire (2), les élections des rois hongrois demeurant fondées sur le droit de descendance d'Arpad; ainsi, parmi les Ja-

(1) Il convient de rappeler que Sigismond ne put faire accepter sa dynastie, parce que les Anjou et les Jagellons étaient plus proches issus d'Arpad; nous lisons dans la Chronique de Turoci que les partisans de la Maison d'Anjou appelèrent ces princes à régner sur eux, parce qu'ils restaient ainsi davantage dans l'esprit de la loi fondamentale.

(2) Cette appréciation ne peut être contestée, principalement en Hongrie, car nous lisons (*Corpus Juris*): Tripartitum Juris Consuetud. prol. p. 1, tit. 79, que le droit *possessional* des prisonniers à l'étranger et des exilés, les descendants de ces prisonniers restant *forcément* à l'étranger, ne pouvait jamais prescrire.

Nous trouvons enfin dans le même ouvrage, 1ʳᵉ partie, tit. 48, p. 5, ces mots sacramentels dans les successions et partages entre consanguins et *condivisionales :* PRESCRIPTIO NUMQUAM ADMITTITUR.

gellons, Vladislas Ier faisait valoir ce droit près un demi-siècle et Vladislas II après un iècle et demi.

Dans ces diverses circonstances, la nation gnora donc l'existence des descendants diects et masculins d'Arpad, quand elle reonnut les droits des descendants en ligne éminine ; elle crut cette dynastie éteinte jusu'à l'époque ou parut, dans le siècle passé, ne brochure qui révélait l'existence de la ignée masculine d'Arpad vivant en Dauphiné France) sous le nom de Crouy-Chanel.

L'ineffaçable vénération qui n'avait pas essé d'exister dans le cœur de la nation our la dynastie d'Arpad, éclata par l'émoion que causa la brochure de Koppi, tout ncomplètes que fussent ses recherches.

Depuis lors, le pays a eu à exprimer ses entiments, et un premier témoignage de ouvenirs a été donné à cette illustre famille, isons mieux, à cette famille vraiment naonale.

En 1844, M. le comte Henri de Crouy-hanel, frère puîné du chef d'armes actuel e la famille, le prince AUGUSTE, saisit la iète de Hongrie d'une demande de reconaissance de ses droits à l'indigénat, *en sa ualité de descendant des anciens rois de Iongrie.*

Cette demande, portée d'abord aux divers
comitats, et plus tard déférée aux députés
fut accueillie par eux, dans la séance du 2?
octobre 1844, et ils décidèrent *à l'unanimit*
moins deux voix, que l'indigénat devait êtr
accordé à M. de Crouy-Chanel; le comita
de Comorn avait même pris sa décision er
ces termes : « Non-seulement il faut accorde
« l'indigénat, mais encore le droit d'avoi
« voix à la Diète et place parmi les noble
« magnats hongrois, si ses titres prouven
« authentiquement sa royale origine » ; cett
royale origine ne fut point attaquée dans l
séance du 27 octobre 1844, lorsque la Cham
bre des Députés se prononça *à l'unanimit*
moins deux voix.

Les comitats et la Diète rendirent ainsi, pa
ces décisions, à la famille sa nationalité e
affirmèrent la reconnaissance de sa descen
dance.

C'est qu'aujourd'hui cette descendance es
établie par des pièces probantes incontesta
bles (1) et appuyée de la reconnaissance d
plusieurs souverains, qui donnent au che
d'armes de la famille le titre de prince d

(1) Voir pour les pièces probantes l'ouvrage intitulé
Les Fils d'Arpad, par GERMAIN-SARRUT, ancien repré
sentant.

ongrie (1) ou autorisent des membres de
famille à porter des distinctions honori-
ques en conséquence de leur origine. Elle
st en outre proclamée par une cour sou-
eraine (2), qui consacre leurs droits à gra-
er sur leur écusson les armes de Hongrie,
t par la vénérable commission des langues
ançaises de l'ordre de Malte, qui accorde
ux membres de la famille qui en ont adressé
demande à S. Exc. le lieutenant du mi-
istère et du Sacré Conseil, les bulles né-
essaires à l'effet de porter la croix de dévotion
e l'ordre, selon *leur droit héréditaire*
omme descendants d'André II (3); et enfin
ar l'empereur François-Joseph lui-même (4)
ui, en autorisant deux membres de la famille
porter les insignes de l'ordre de Malte, s'ex-
rime en ces termes : « SELON LEUR PRÉRO-
ATIVE HÉRÉDITAIRE !

Si donc un jour la nation, rendue à son

(1) Diverses Bulles du pape, ou ordonnances et dé-
ets de Napoléon I et de Louis XVIII, cités *in extenso*
ans *les Fils d'Arpad.*
(2) Voir même ouvrage, Arrêts de la Cour de Paris
de la Cour de Cassation.
(3) Voir même ouvrage: Pièces justificatives.
(4) Voir même ouvrage et les Archives du 9ᵉ régi-
ent de Lanciers impérial et royal, n° 479.

indépendance et à sa liberté, est appelée
pourvoir à la vacance du trône, qui donc aur
droit à la première candidature, si ce ne sor
les descendants en ligne directe et masculin
de St. Etienne, LES FILS D'ARPAD?

Au moment où je mettais ce travail sou
presse, j'ai reçu de M. Germain Sarru
l'auteur de l'étude historique : *Les fils d'A*
pad, une lettre déjà publiée par le journal (
Turin *les Nationalités*. M. G. Sarrut se plair
énergiquement des *platitudes* et *infamies* r
pandues contre les descendants d'Arpad pe
de *malheureux écrivains, forbans du mond*
littéraire, dont la plume est trempée dans l
boues de la calomnie, et résume en un trava
historique des plus rapides comme aussi de
plus lucides les titres de ces princes. Je r

ois pas devoir reproduire ce travail remar-
able ; mais je lui emprunterai la *note* sui-
nte, qui s'adresse à deux hommes que leur
ute position sociale eût dû mettre à l'abri
une aussi sévère récrimination :

« Je ne peux m'empêcher de témoigner
on étonnement, dit M. Germain Sarrut, de
ir un homme de haute intelligence et de
voir comme M. le chevalier LOUIS DEBRAUX
Saldapenna, répéter dans son ouvrage :
lution *de la crise hongroise,* non pas *l'er-*
ur, mais le *mensonge historique* qu'il perpé-
e en ces termes (pag. 18) : « dans la personne d'André III, décédé le 13 janvier
1301, s'éteignit le dernier descendant d'Arpad. — Deux cent vingt-cinq ans plus tard
la lignée des Jagellons éprouvait le même
sort. »
« Il est vrai que le maintien de ce men-
nge sert de base à l'ouvrage du noble écri-
in.
« Quant à M. BOTKA TIVADAR, qui a con-
cré 14 grandes pages à un premier article
nalyse de mon œuvre : *Les Fils d'Arpad,*
ns *Buda-Pesti Szemle,* je lui ferai une ré-
nse spéciale en acceptant l'épigraphe de

son travail : *opinionum commenta delet dies*
dès que les articles subséquents qu'il annonc
auront paru, c'est-à-dire tout ou moins dan
deux mois.

« Toutefois dès aujourd'hui, je me hât
de lui déclarer qu'il prouve, à la second
page de ce premier article, ou une révoltant
mauvaise foi (ce que je ne voudrais pas sup
poser de la part d'un homme remplissant un
fonction publique, m'affirme-t-on), ou un
inqualifiable ignorance des jugements diver
qui ont été prononcés en France, et princi
palement à Paris, par la Chambre des requê
tes de la Cour de Cassation, le 25 févrie
1823 ;

« Pourquoi y fait-il allusion s'il n'a pas le
termes de ce dernier arrêt sous les yeux ; e
s'il l'a, comment espère-t-il échapper à la seul
réplique qu'on puisse lui faire : vous mente
par allusion, le moins loyal des mensonges
et sachant que vous faussez la vérité.

« De tous les procès soutenus par la famill
de Crouy-Chanel de Hongrie, n'importe e1
quelle qualité, il est toujours résulté qu'il
ont été seuls maintenus en possession de
armes de Hongrie comme étant leur pro

ᴄɪÉTÉ ᴘᴀᴛʀɪᴍᴏɴɪᴀʟᴇ ᴇᴛ ʜÉʀÉᴅɪᴛᴀɪʀᴇ, et ce
l'exclusion de tous autres.

« Qu'attendre du travail d'un homme qui
t ainsi pris, dès les premiers mots, en fla-
ant délit de mensonge par insinuation ou
ignorance, et d'ignorance volontaire ?

« Il faut espérer que dans son prochain ar-
le M. Botza se montrera *traducteur fidèle*
s actes qu'il voudra bien citer en faveur de
n système ; jusqu'à présent il nous paraît
us fort en argutie qu'en histoire, laquelle ne
ment pas ce qu'il nomme *les Visions du
inte* qui sont parfaitement d'accord avec
istoire rimée, mais très-vraiment histori-
e, d'Horneck et *les termes de la fondation
euse de Marguerite de Sicile* que je recom-
ande aux méditations sérieuses de M. Botza. »

ERRATA-CORRIGE

Page	1			et titre	*Lisez*	Nyaregyhaza
»	8	*Note*	2	Ugyanott	»	Loco dicto
»	14	*Ligne*	10	Lizella	»	Gizella
»	15	*Note*	1	Les Cimbres	»	Sicules (Székely)
»	29	*Ligne*	17	Léon	»	Jean
»	30	»	10	Hedwig	»	Sophie fille du Grand duc de Kiew
»	35	»	4	Léon	»	Jean
»	38	»	1	Anne	»	Elizabeth
»	46	»	8 *et* 17	Botza	»	Bétka